Amor e desejo

Amor e desejo
Homero Santiago

FILOSOFIAS: O PRAZER DO PENSAR
Coleção dirigida por
Marilena Chaui e Juvenal Savian Filho

wmf martinsfontes
São Paulo 2011

*Copyright © 2011, Editora WMF Martins Fontes Ltda.,
São Paulo, para a presente edição.*

1ª edição 2011

Acompanhamento editorial
Helena Guimarães Bittencourt
Revisões gráficas
Letícia Braun
Maria Fernanda Alvares
Edição de arte
Katia Harumi Terasaka
Produção gráfica
Geraldo Alves
Paginação
Moacir Katsumi Matsusaki

Dados Internacionais de Catalogação na Publicação (CIP)
(Câmara Brasileira do Livro, SP, Brasil)

Santiago, Homero
  Amor e desejo / Homero Santiago. – São Paulo : Editora WMF
Martins Fontes, 2011. – (Filosofias : o prazer do pensar / dirigida
por Marilena Chaui e Juvenal Savian Filho)

  ISBN 978-85-7827-448-1

  1. Amor 2. Amor – Filosofia 3. Desejo 4. Desejo (Filosofia) I.
Chaui, Marilena. II. Savian Filho, Juvenal. III. Título. IV. Série.

11-07407   CDD-128

Índices para catálogo sistemático:
1. Amor e desejo : Filosofia   128

Todos os direitos desta edição reservados à
Editora WMF Martins Fontes Ltda.
Rua Prof. Laerte Ramos de Carvalho, 133 01325.030 São Paulo SP Brasil
Tel. (11) 3293.8150 Fax (11) 3101.1042
e-mail: info@wmfmartinsfontes.com.br http://www.wmfmartinsfontes.com.br

SUMÁRIO

Apresentação • 7
Introdução • 9

1 Entre corpo e espírito • 13
2 Eros e ágape • 19
3 Uma ciência das paixões • 27
4 Da criança ao adulto • 35
5 Conclusão • 43

Ouvindo os textos • 51
Dicas de viagem • 58
Leituras recomendadas • 69

APRESENTAÇÃO
Marilena Chaui e Juvenal Savian Filho

O exercício do pensamento é algo muito prazeroso, e é com essa convicção que convidamos você a viajar conosco pelas reflexões de cada um dos volumes da coleção *Filosofias: o prazer do pensar*.

Atualmente, fala-se sempre que os exercícios físicos dão muito prazer. Quando o corpo está bem treinado, ele não apenas se sente bem com os exercícios, mas tem necessidade de continuar a repeti-los sempre. Nossa experiência é a mesma com o pensamento: uma vez habituados a refletir, nossa mente tem prazer em exercitar-se e quer expandir-se sempre mais. E com a vantagem de que o pensamento não é apenas uma atividade mental, mas envolve também o corpo. É o ser humano inteiro que reflete e tem o prazer do pensamento!

Essa é a experiência que desejamos partilhar com nossos leitores. Cada um dos volumes desta coleção foi concebido para auxiliá-lo a exercitar o seu pensar. Os temas foram cuidadosamente selecionados para abordar os tópicos mais importantes da reflexão filosófica atual, sempre conectados com a história do pensamento.

Assim, a coleção destina-se tanto àqueles que desejam iniciar-se nos caminhos das diferentes filosofias como àqueles que já estão habituados a eles e querem continuar o exercício da reflexão. E falamos de "filosofias", no plural, pois não há apenas uma forma de pensamento. Pelo contrário, há um caleidoscópio de cores filosóficas muito diferentes e intensas.

Ao mesmo tempo, esses volumes são também um material rico para o uso de professores e estudantes de Filosofia, pois estão inteiramente de acordo com as orientações curriculares do Ministério da Educação para o Ensino Médio e com as expectativas dos cursos básicos de Filosofia para as faculdades brasileiras. Os autores são especialistas reconhecidos em suas áreas, criativos e perspicazes, inteiramente preparados para os objetivos dessa viagem pelo país multifacetado das filosofias.

Seja bem-vindo e boa viagem!

INTRODUÇÃO
Amor e desejo são a mesma coisa?

Amor e desejo

Homens e mulheres, crianças e adultos, todos amamos, todos desejamos. E tudo pode tornar-se objeto de nossos quereres: uma pessoa real ou idealizada, a mãe, um amigo, o filho que se tem ou que não se tem, um deus, uma comida, a pátria, outro mundo, o trabalho, o estudo, uma ideia, e assim ao infinito.

Provavelmente devido à universalidade dessa experiência é que nos acompanha o sentimento de saber o que são amor e desejo. É como se fosse natural, algo inescapável a um ser humano; até um filósofo como Sócrates (*c.* 470-399 a.C.), famoso por afirmar só saber que nada sabia, admitia uma exceção, pelo que nos relatam, e confessou conhecer as coisas de Eros, o deus grego do amor. Parece estarmos diante de um saber vital: da vida, pois dela provém, e para a vida, já que a ela serve.

De fato, muito do que somos, de nossas alegrias e tristezas, felicidade e infelicidade, depende de nossos amores e desejos, ou seja, dos vínculos que estabelecemos com o mundo ao nosso redor. Há coisas e pessoas que nos são indiferentes; há aquelas de que não gostamos, que nos inspiram rejeição e de que queremos manter a distância; mas, sobretudo, há coisas e pessoas que nos tocam e queremos ter ou manter presentes, às vezes por toda a existência.

Eis o campo, nosso conhecido, do amor e do desejo: o dos objetos que nos atraem e das relações que com eles travamos.

Amor ou desejo?

Será, porém, que esse campo, à primeira vista uniforme, desconhece nuanças? Tão logo nos pomos a pensar no assunto, é inevitável a pergunta: por que duas palavras para descrevê-lo? Amar e desejar não serão a mesma coisa?

A própria experiência acima invocada nos sugere, ao menos de início, que não. É suficiente ver que, na linguagem comum, "eu te amo" quase nunca equivale a "eu te desejo". Também é corriqueiro contrapormos "sexo com amor" e "sexo sem amor".

Nesses casos, o amor surge como algo mais espiritual; já o desejo, como algo mais carnal. O primeiro envolveria constância e benevolência, capazes de produzir uma satisfação mais prolongada do que o prazer fugaz, que seria o objetivo do segundo, despertado pela concupiscência repentina, quase instintiva. O amor se caracterizaria pela complementaridade da coisa amada para conosco; já o desejo, pela posse, em geral vislumbrada no futuro, daquilo que não possuímos.

São concepções que justificam inclusive que, se há "sexo sem amor", igualmente pode haver "amor sem sexo". E não só em amores como o materno ou o filial, como também entre cônjuges. Não são tão raros os exemplos de casais que relatam a perda de intensidade do desejo, apesar da persistência do amor. Em tais circunstâncias, sobra algo, suficiente para sustentar ainda um vínculo, só que algo irredutível ao enlace carnal. Será essa ligação de aparência mais espiritual o traço específico do amor?

O problema é que a mesma compreensão comum que por vezes sugere a separação, por outras admite a identidade. Pode-se até conceber o "sexo sem amor" como relativo só ao desejo; porém, quando alguém fala de "sexo com amor", desconsidera inteiramente o desejo? Dificilmente. Como descrever, por exemplo, a fantástica experiência do orgasmo sem invocar um sentimento de plenitude proporcionado exatamente pela identidade de amor e desejo?

Como se vê, o campo do amor e do desejo, embora conhecido de todos, nem por isso deixa de despertar interrogações e revelar tensões internas quando se torna objeto de reflexão. E não podia ser diferente. Uma simples questão como a da diferença ou identidade de amor e desejo basta para pôr em jogo concepções fundamentais acerca do que seja o ser humano, suas relações com o mundo, sua felicidade.

Não foi por outro motivo que, desde a Antiguidade até nossa época, os homens se empenharam em refletir sobre seus amores e seus desejos. E não é por outro motivo que convidamos o leitor a um passeio por alguns momentos decisivos dessa reflexão. Perguntar o que é amor e o que é desejo, quais suas relações de identidade e diferença, significa também nos perguntarmos o que nós mesmos somos.

1. Entre corpo e espírito

Um ser composto

Sentimos que somos corpo, carne, e espírito, pensamento. Mesmo sem saber exatamente o que é um ou outro, há a sensação de que são diferentes e dotados de certa independência: não é difícil, por exemplo, conceber o pensamento num corpo totalmente paralisado, bem como um corpo sem nenhum pensamento. Essa experiência íntima de nossa própria constituição sempre serviu de base às várias concepções dualistas que atravessaram a história da Filosofia e tiveram no pensamento do francês René Descartes (1596-1650) um de seus momentos mais altos.

Descartes estabelece a extensão e o pensamento como duas substâncias distintas, ou seja, duas realidades completamente independentes. Não vamos entrar nas razões metafísicas que, para ele, exigem essa distinção radical. Elas existem e são consideráveis. Para nós, o importante é ter em conta os problemas que a partir daí surgem para pensarmos a natureza humana.

Ora, a mesma experiência que sugere a diferença, às vezes também não dá a convicção de que somos, simultânea e indissoluvelmente, extensão, corpo, carne, e pensamento, espírito, alma? Descartes o reconhece e admite que, embora de forma inexplicável, o homem não é nem só extensão, nem só pensamento, tampouco ambos apenas sobrepostos e sem comunicação. O ser humano é composição dessas duas coisas; nele, misteriosamente, substâncias diversas se unem e se comunicam.

É esse ser tão peculiar do ser humano que o filósofo enfrenta ao preparar um tratado sobre *As paixões da alma*. O campo das paixões é, por excelência, o terreno da composição. Um homem apaixonado é um ser que é corpo e espírito, e esse dado é capital para a compreensão do amor e do desejo.

Voluntário e involuntário

O mais característico do amor, segundo Descartes, é seu aspecto voluntário. É a emoção que resulta de a alma perceber em si uma incitação a unir-se ou manter-se unida a algo; e só há amor, propriamente dito, quando a alma consente com tal incitação. A vontade não age na escolha do objeto de minha inclinação, mas ao dar ou não seu aval à atração que em mim percebo. Por isso, acrescenta o filósofo, o amor vincula-se ao presente. O consentimento é dado à união com algo presente e que imaginamos poder nos completar. O amor liga-se a certo sentimento de plenitude; sentimo-nos parte de um todo de que a outra parte é a coisa ou a pessoa amada.

Cabe falar em desejo, por outro lado, quando a alma percebe em si uma agitação a querer algo. A diferença das palavras que definem amor e desejo é importante: no primeiro, percebe-se uma *incitação*, e a vontade intervém consentindo no aparecimento de uma emoção; no segundo, percebe-se uma *agitação* que, sem esperar o consentimento, é já emoção, um sentimento que movimenta violentamente a alma. Daí o desejo ser dito não voluntário; movimento involuntário de se lançar a algo que não temos. Por isso, ainda, diversamente do amor, vincula-se ao futuro; é sempre desejo de presença e posse de algo não possuído.

Podemos esquematizar as propriedades do amor e do desejo da seguinte forma: o amor é voluntário, liga-se ao presente, é marcado pela plenitude; o desejo é não voluntário, liga-se ao futuro, é marcado pela falta. As definições são razoavelmente claras, mas escondem uma dificuldade: pouco correspondem ao amor e ao desejo realmente vivenciados por nós e que geralmente se confundem, se misturam. Basta dizer que, seguindo as estipulações cartesianas, o que comumente chamamos de amor (a atração apaixonada e irresistível por outra pessoa) não seria mais que uma variação do desejo, uma vez que lhe falta o assentimento da vontade.

É provável que Descartes tivesse consciência do problema. Numa carta, ele afirma que é por ser tão corriqueira a confusão entre amor e desejo que as pessoas foram levadas a distinguir dois tipos de amor: o de benevolência, em que "o desejo não aparece tanto", e o de concupiscência, que "é apenas um desejo muito violento, fundado sobre um amor frequentemente fraco".

Ora, a simples possibilidade dessa mescla já não é indício suficiente de que definições demasiado puras tendem a não funcionar?

A mescla

Deparamos aí com uma tensão típica do cartesianismo e que se deve ao forte dualismo entre corpo e espírito que ele determina. A cada vez um ou outro sobressai. Se amor e desejo podem ser claramente separados, ao menos na teoria, é porque são concebidos como extremos que indicam a saliência ora do espírito, de onde provém a emoção amorosa, ora do corpo, fonte da emoção desejosa.

Ocorre que o modelo cartesiano para pensar o amor em geral, e caracterizá-lo como o faz, é um amor particular, aquele que o crente cristão dirige a seu Deus, e que o filósofo considera puramente espiritual, ápice de liberdade e plenitude. Amor que, não por acaso, como Descartes reconhece, exige que "a alma se afaste muito do comércio com os sentidos". Ora, ainda que o filósofo não o explicite, podemos desconfiar que o inverso vale para o desejo, ou seja, que ele, em sua pureza, implicaria o máximo afastamento com relação ao espírito e uma espécie de exclusivismo do corpo, da carne concupiscente.

No cartesianismo, a tensão entre as exigências teóricas de distinção total entre corpo e espírito e a realidade afetiva de um ser que é composto de ambos nunca é superada. E nessas circunstâncias cabe perguntar: de fato, existiria amor ou desejo puros? O voluntário e o involuntário, sem mais? Ou todo amor e desejo humanos são uma mescla, mesmo que sob variada graduação? Aparentemente, a constituição compósita do homem não lhe permite senão afetos igualmente compósitos.

Seja como for, o traço fascinante dessas considerações cartesianas, típicas de um pensador moderno, é que tanto são herdeiras dos pensadores antigos e medievais quanto se abrem para a posteridade. Em vários assuntos, a grandeza de Descartes revela-se menos em emitir teses irrepreensíveis do que em trazer à tona o solo problemático a partir de onde pensamos. Com relação a amor e desejo, não é diferente.

2. Eros e ágape

O deus do amor

Na Grécia antiga, amor era antes de tudo um deus poderoso: Eros. Nas palavras do poeta Hesíodo (c. 800 a.C.), Eros era o mais belo dos deuses, "solta-membros" de mortais e imortais, pois a ele se associava o descontrole dos movimentos. Era força originária e animadora, um dos poderes primordiais que deram origem ao mundo como conhecemos.

Será pelas mãos de Platão (428-348 a.C.), principalmente, que esse deus tão especial passará a ocupar um lugar de honra no pensamento filosófico. No *Banquete*, um dos mais célebres diálogos platônicos, vários personagens reunidos discursam acerca de Eros: sua natureza, sua origem, seus poderes. O quadro é a matriz de questões e temas que vão marcar toda a reflexão sobre o amor e o desejo no decorrer dos séculos seguintes. Sob esse aspecto, dois discursos merecem destaque.

Ao tomar a palavra, Aristófanes (c. 448-380 a.C.) conta de uma época em que a nossa natureza era diversa; os homens eram completos e existiam três tipos de seres: homem duplo, mulher dupla, homem-mulher; todos com quatro braços, quatro pernas, dois rostos e uma cabeça. Porém, o sentimento de completude exacerbou os humanos a ponto de quererem subir aos céus e confrontarem os deuses. Em punição por tal desmedida, foram partidos ao meio por Zeus. Desde então, Eros é a força que nos move a procurar nossa metade perdida, único modo de restaurar a antiga natureza completa, ao fazer de dois apenas um.

Noutro discurso, a filiação de Eros nos é narrada por Sócrates. O amor é duplo porque o deus é filho de Pobreza e de Recurso; engendrado assim num paradoxo, entre a carência e o poder, e justamente por estar nesse entredois, é capaz de ligar homens e deuses. Se a carência e o anseio de completude lhe são inerentes, igualmente o é a altivez com que inspira a produção de tudo o que é belo, bom, e especialmente impulsiona à busca do saber. Que o ignorante Sócrates conheça Eros, como já lembrado, não é casual. Sem o deus, é impossível a Filosofia, que é precisamente uma forma de amor ou amizade (*philía*) pelo saber (*sophía*), e amor que nos conduz à parte mais brilhante de nosso ser.

Toda a ambiguidade do amor, e de nosso próprio ser na medida em que amamos, surge nesses discursos. Por um lado, o sentimento de plenitude, possível pelo reencontro com nossa cara-metade; por outro, a marca inconfundível da carência: os objetos de amor e de desejo, explica Sócrates, são sempre aquilo que não temos e de que sentimos falta. Buscamos a plenitude porque não somos mais plenos; filosofamos porque não possuímos o saber que desejamos.

Justo por tais ambiguidades, o modo como se vive essa relação afetiva é capital, já que podemos controlá-la ou sermos por ela controlados. O mesmo Eros pode dar origem a um amor ou desejo alto, que é o da medida, domínio de si, ou a um amor ou desejo baixo, que nos submete ao fogo incontrolável da paixão e à desmedida. Num caso, estaríamos condenados à satisfação efêmera, a sempre querer mais e, portanto, conviver com um sentimento de falta insuperável; noutro, poderíamos tomar o rumo de um percurso ascendente, que permitisse o preenchimento, contentamento tão característicos do amor superior.

O amor de Deus

Eros é amor ou desejo? É difícil responder. A um só tempo, é os dois e nenhum exatamente. É amor entre pessoas, deuses ou entre pessoas e deuses; é a relação estável de um casal ou a união momentânea de dois corpos. Embora se traduza comumente Eros por "amor", o nome está na origem de uma palavra como "erotismo", que remete a algo bem mais amplo. Esses usos equívocos talvez expliquem por que os primeiros cristãos deram preferência a outro termo grego para designar sua nova concepção de amor: *ágape* (em latim *caritas*, amor ou caridade).

Com o cristianismo, o amor deixa de ser um deus para tornar-se a forma privilegiada da relação entre o ser humano e o Deus único, e, por extensão, da convivência entre os próprios seres humanos. É assim que ágape surge na primeira epístola de São Paulo (c. 10-67) aos coríntios, um dos textos fundadores da nova religião. Entre os carismas ou dons do espírito que recebemos de Deus, esse amor desinteressado, benevolente, virtuoso, é o mais importante. Ágape é aquilo sem o que nada seríamos, pois é ele que nos move no caminho da justiça, da verdade e da fé. É a mais perene das realidades porque decorre do próprio ser divino; afinal, o Deus cristão não é qualquer deus, mas um Deus de amor, um Deus que é amor.

Essas concepções estarão na base da reflexão propriamente cristã sobre o amor, particularmente a empreendida, tempos depois, por Santo Agostinho (354-430). Ora, sendo o amor o sentimento que nos une a algo, não será ele tanto mais perfeito quanto mais perfeito for o seu objeto? Sim, e daí a primazia do amor de Deus, o qual nos possibilita a união profunda com o criador. Para o homem, trata-se da única via para uma vida feliz e, sobretudo, para a reunião com uma plenitude que nos falta após o pecado de Adão.

Segundo Agostinho, a *caritas* sintetiza todo o ensinamento das Sagradas Escrituras e, não por acaso, está na base do principal entre os mandamentos cristãos: amar a Deus e ao próximo. Deus nos ama, como o criador ama a sua criatura, e nos comunica esse amor;

é com esse mesmo amor que devemos amar ao próprio Deus e, não menos, amar o nosso próximo, dando forma a uma comunidade verdadeiramente cristã, solidificada sobre o amor.

Puro e impuro

O amor cristão nitidamente ressoa o Eros platônico: a falta, a plenitude perdida, a possibilidade de um reencontro amoroso com a melhor parte de nosso ser. Contudo, há um traço original na concepção cristã e que é decisivo, inclusive por depender das diferenças essenciais entre a religião politeísta grega e a nova religião monoteísta católica.

Eros, como vimos, era ambíguo. E, por designar privilegiadamente o amor entre dois seres, mortais ou imortais, não podia ser diferente; o mesmo Eros conduzia à felicidade ou à desgraça, à Filosofia ou à prisão das paixões. No *Banquete*, essa duplicidade se marca pelo aparecimento de Alcebíades, bêbado e gritando; ao falar sobre Eros, o faz de tal forma que Sócrates, a quem o recém-chegado ama e dirige seu discurso, diz recear a violência de sua "paixão amorosa". Já o *ágape* cristão, cuja essência é o amor divino, não pode conhecer nenhuma ambiguidade. Ele é um dom que recebemos de Deus, sempre bom, amor essencialmente puro a ser distinguido de um amor erótico, que, mesmo não sendo necessariamente ruim, tampouco pode conhecer completa pureza.

Quanto à diferença desses dois modelos, São Paulo era explícito. Quando um homem e uma mulher que não são casados unem-se, são "dois em uma só carne" aprisionada neste mundo; aquele, porém, que se une a Deus, "constitui com ele um só espírito". Mesmo a vida conjugal, que permite uma relação erótica legítima e que evita as tentações, é posta em contraste com a vida do celibatário. Naquela é imprescindível cuidar das "coisas do mundo"; só nesta há espaço para atenção total com as "coisas do Senhor".

De um lado, um amor puro, espiritual, cujo modelo é o amor divino. De outro, um amor impuro, carnal, cujo modelo é a união sexual. É uma oposição decisiva para o modo como se compreenderá o amor no Ocidente a partir de então. Ela estará presente na distinção, evocada por Descartes, entre amor de benevolência e amor de concupiscência; e, mesmo quando se tratar da relação entre duas pessoas, o amor verdadeiro tenderá a ser concebido como mais espiritual, o mais casto possível. Em larga medida, isso explica por que em tantos enlaces amorosos notórios os corpos pouco ou quase nada se unem (Tristão e Isolda, Romeu e Julieta, por exemplo) e torna compreensível que um poeta como Dante Alighieri (1265-1321), ao relatar na *Vida nova* o seu célebre amor por Beatriz, apresse-se em explicar que o sentimento que dele se apodera é de "nobre virtude", já que nenhuma vez permitiu que o Amor o regesse "sem o fiel conselho da razão". É uma forma de pensar que chega até nós e não é estranha à hierarquia que frequentemente se estabelece entre o amor como algo mais espiritual, deliberado, sempre bom, e o desejo como algo mais carnal e passível de altos e baixos.

3. Uma ciência das paixões

Física e moral

Na abertura de seu estudo das paixões, Descartes avisa que não pretende falar como "filósofo moral", mas somente como "físico". Precisamos entender o alcance dessa advertência.

Desde a Antiguidade, sempre houve os que se preocupavam com as perturbações acarretadas pelas paixões; daí a constituição de uma importante reflexão moral. Uma pessoa apaixonada, sabemos, perde a cabeça e é capaz de loucuras. A fim de prevenir o ser humano contra essa lamentável degradação de sua condição racional para perto da animalidade sob o jugo da concupiscência instintiva, o melhor seria evitar as paixões, ou, pelo menos, mantê-las sob o seguro controle da razão. Um ser racional como o homem só poderia ser condizente com sua natureza agindo racionalmente.

Nunca faltaram, porém, reações a essa perspectiva, também desde a Antiguidade. Como exemplo, a poesia do romano Catulo (c. 84-54 a.C.) chega a dar-lhe forma artística acabada, ao cantar a amada como uma deusa, pondo a repetição como remédio à fugacidade dos prazeres e convocando: vivamos, amemos e deixemos para lá os velhos moralistas. Em certo sentido, o cartesianismo também reage à tradição moral, só que com uma nova e poderosa arma.

No início da Modernidade, a Física se renova. A utilização da Matemática, a observação e a experimentação permitem a Galileu Galilei (1564-1642) e a toda uma geração de estudiosos a descoberta de uma natureza bem diferente daquela conhecida até então. Ora, o mesmo método científico não poderia ser aplicado ao homem? Sim, aposta Descartes. É da natureza humana ser corpo, pensar, apaixonar-se; e é como físico que se deve estudá-la, inclusive dedicando especial atenção ao corpo do(a) amante, do(a) desejante.

Os poetas sempre souberam que uma língua que se prende, mãos que suam e um rosto que enrubesce podem exprimir um sentimento de que às vezes nem sequer nos damos conta. Mesmo o amor virtuoso e aconselhado pela razão de Dante, em suas palavras, podia manifestar, na face do poeta, "tantas de suas insígnias" que era impossível escondê-las. A paixão é também um rosto, um corpo que se movimenta.

Com o auxílio da nova ciência, Descartes se põe a investigar isso. A emoção que a alma percebe quando do desejo, por exemplo, depende de toda uma série de modificações fisiológicas. O coração vê-se extremamente agitado; as partes sutis do sangue, que ele chama de espíritos animais, acorrem ao cérebro mais que o normal; os sentidos ficam mais aguçados; as partes do corpo tornam-se mais móveis. É todo um novo modo de compreender o homem e seus amores e desejos que se inicia, permitindo vislumbrar uma ciência das paixões.

Será esse mesmo o projeto do holandês Baruch de Espinosa (1632-1677). Contra aqueles que em vez de compreender preferiram abominar ou ridicularizar os afetos humanos, ele declara querer estudá-los como se se tratasse de "linhas, superfícies ou volumes".

A essência do homem

A análise espinosana dos afetos parte de uma constatação geral: toda coisa se esforça por perseverar em seu ser, tanto quanto pode. Esse esforço, a que ele dá o nome de *conatus*, é uma potência que pode variar, ser maior ou menor, mas nunca inexistente, pois seu grau zero seria o mesmo que a destruição da coisa. No ser humano, explica Espinosa, tal esforço é o que costumamos chamar de apetite, aquilo que nos determina a sempre buscar o que nos é útil e benéfico, e, inversamente, a evitar o que nos é prejudicial. É hábito, ainda, ao prestarmos atenção só em sua manifestação mental, nomeá-lo vontade. Ao contrário de Descartes, entretanto, Espinosa não é dualista, e esse uso de palavras diversas não significa que falemos de coisas diferentes. Um só e mesmo esforço se expressa corporal e mentalmente, sempre a buscar o útil à totalidade do indivíduo. Não há coisas boas apenas para o corpo e ruins para a mente ou vice-versa; algo é bom para ambos ou ruim para ambos.

O homem percebe em si a ação desse esforço único, e o que Espinosa chama de *desejo* é justamente tal esforço ou apetite quando dele temos consciência.

Com o termo "desejo", o filósofo afirma querer abranger "todos os esforços da natureza humana que designamos pelos nomes de apetite, vontade, desejo ou impulso". Nessa medida pode-se afirmar que o desejo de um ser humano é a sua essência, aquilo que ele é. E por isso mesmo não estará em questão afastar o desejo ou submetê-lo à razão. É impossível subjugá-lo ao poder de qualquer coisa, porque ele é o nosso poder, nossa potência de agir e pensar. Ao contrário da tradição moral, o problema espinosano será exatamente o que fazer para fortificar nosso ser, nosso desejo, aumentar nossa potência. O amor é item fundamental da resposta.

Aos movimentos de variação da potência de um indivíduo, Espinosa dá nomes precisos. Chama de alegria a passagem a uma potência maior; de tristeza, ao contrário, a passagem a uma potência menor. Dito isso, é fácil compreender o que é o amor no espinosismo: a alegria acompanhada da ideia de uma causa exterior; daí nos esforçarmos por manter sempre presente, conservar a coisa amada. É que essa coisa é o que nos surge como causa de nossa alegria, do aumento de nossa potência.

O amor, pois, é decisivo para o nosso próprio ser. Tanto que Espinosa chega a afirmar que toda nossa felicidade ou infelicidade depende da qualidade dos objetos a que nos ligamos por amor.

Os objetos de amor

Em si mesmo, o desejo não tem nem se define por um objeto. Ele é movimento para o que nos aparece como útil (e qualquer coisa pode aparecer assim) e consciência disso; é ação de nossa essência, positivo, e sua definição não envolve a ideia de falta ou carência. Assim como uma ação se dá sobre algo, em algum lugar, mas não se define pelo algo sobre que age ou pelo lugar onde age.

Por outro lado, é verdade que o desejo, em sua pureza, sem objeto, dificilmente é por nós apreendido. Nossa experiência do desejo é normalmente a de desejar algo. E isso é importante, pois o mesmo desejo que surge como único na definição há pouco vista varia conforme os objetos desejados e o tipo de relação que com eles estabelece.

O amor é uma das formas de nos relacionarmos com objetos e, portanto, é uma derivação do desejo. Enquanto o desejo é apetite e consciência desse apetite, o amor é inseparável da consideração do objeto já em sua definição, e envolve uma espécie de segunda consciência: dou-me conta da utilidade ou benefício da ligação com um objeto, uma vez que ele me alegra. Por isso, o amor é capaz de produzir certa fixação de parte da atividade desejante num objeto, o que me parece útil.

Mas essa coisa é, de fato, útil? É um problema; e não por acaso existem amores infelizes. Necessariamente busco algo que me aparece como útil, só que não necessariamente a coisa que assim me aparece é útil. Um entorpecente, por exemplo, é desejado porque surge como útil, embora possa em seguida revelar-se prejudicial. O mesmo pode ocorrer com certos amores que têm por causa objetos efêmeros e que se revelam às vezes desastrosos. Espinosa exemplifica com o amor estabelecido entre duas pessoas só pela aparência física, que ele nomeia amor lascivo; não é em si mesmo ruim, mas sua inconstância é tal, seu objeto tão fugaz, que pode facilmente reverter em ódio.

Daí a extrema importância da qualidade dos objetos de nosso amor. E a reflexão espinosana vai determinar que nossa inteira felicidade depende do que denomina "amor intelectual de Deus"; união com um objeto perene, compartilhável e que nos proporciona o maior contentamento.

Ele reencontra, por aí, uma tradição importante, e imprime-lhe, porém, uma novidade fundamental. O Deus espinosano é bem diferente do da tradição judaico-cristã. É sinônimo de Natureza, é o próprio real, e nessa medida o amor intelectual de Deus espinosano aproxima-se menos do ágape cristão do que daquilo que Friedrich Nietzsche (1844-1900) chamará, dois séculos depois, de "amor do fado" (*amor fati*): aceitação amorosa da vida e do mundo em todos os seus aspectos.

4. Da criança ao adulto

Um terceiro tempo

A cena é conhecida e já mereceu inúmeras representações artísticas: um jovem alado, amiúde de olhar matreiro, prepara-se para flechar alguém que, atingido, cairá apaixonado. O jovem é Cupido (o correspondente romano do deus grego Eros) e sua ação levanta o problema do porquê de nossos sentimentos de amor e desejo. Serão sempre repentinos e aleatórios, como se fossem efeitos de flechadas, e, portanto, inteiramente inexplicáveis?

Encontramos a questão em Descartes. Dada uma inclinação, se é forte e já uma emoção, falamos de desejo; do contrário, caso só se torne emoção após o consentimento da vontade, trata-se de amor. De onde, contudo, provém a inclinação? No intuito de desvendá-lo, o filósofo introduz, ao lado do presente, que se liga ao amor, e do futuro, ligado ao desejo, um terceiro tempo: o passado.

Por que amo ou desejo essa pessoa e não aquela? Numa carta, Descartes conta que, quando criança, amava uma menina um pouco vesga, e a associação entre amor e vesguice em seu cérebro foi a causa de, tempos depois, ao ver pessoas estrábicas, sentir-se mais propenso a amar estas do que outras. E conclui que, quando somos levados a amar alguém sem que saibamos a causa, podemos crer que isso vem do fato de haver na pessoa algo de semelhante ao que houve em outro objeto que amamos anteriormente, ainda que não saibamos o que seja.

Todos nós fomos crianças, e cada um traz consigo o seu passado. Nossos afetos, mesmo que de algum modo enraizados em nossa natureza, não dependem só dela. Um animal busca sempre um objeto que lhe é instintivamente determinado desde o nascimento; um ser humano não. Este pode amar e desejar Pedro, Maria, qualquer um, qualquer coisa, e suas inclinações dependem, de forma determinante, de uma história de vida que não está inteiramente dada quando ele nasce.

Como se diz, o menino é o pai do homem. E muito da importância do austríaco Sigmund Freud (1856--1939), criador da psicanálise, vem de ter mostrado que, no que se refere a desejo e amor, isso é algo muito verdadeiro. A frequência com que utilizamos o bordão "Freud explica" para sugerir que a razão de um ato presente radica-se no passado só vem atestar a importância de suas concepções para nosso modo de entender o mundo e as pessoas.

Sonhos estranhos

Freud era médico e atendia neuróticos, que sempre lhe contavam seus sonhos. Para melhor entender os males que afligiam seus pacientes, Freud tentava interpretar esses sonhos e descobrir o sentido oculto deles. Passou a se interessar pelo assunto e dedicou-se ao estudo do sonhar humano em geral. Quando finalmente publicou *A interpretação dos sonhos*, formulou uma tese fundamental: o motor do sonho é o desejo e todo sonho é realização de desejos.

À primeira vista, isso certamente soa estranho. Claro que temos sonhos que dão vazão a desejos (viajar, ganhar na loteria etc.), mas nem todos são assim. Há os pesadelos, por exemplo; sonhos desprazerosos, às vezes aterrorizantes, que parecem estar longe de realizar qualquer desejo do sonhador. Freud tem consciência da dificuldade e trata de investigar esses sonhos. Em particular, ele volta sua atenção a um gênero de sonho que, embora muito comum, é sempre extremamente desagradável a todos: os sonhos com a morte de pessoas queridas, como irmãos, pais, parentes.

Levando a sério a tese de que todo sonho é realização de desejos, devemos afirmar que quem sonha com a morte do pai ou da mãe deseja de fato essa morte? Não necessariamente, responderá Freud; ao menos não no presente. Os desejos que estão por trás dos sonhos são desejos muito antigos, quase "imortais", que remetem à nossa infância; sempre desejos infantis que por algum motivo restaram em nós, em nosso inconsciente, sem que nós mesmos o soubéssemos. Quer dizer, o sonho com a morte de um pai não implica de forma alguma que o sonhador queira ver o pai morto, mas apenas que um dia, quando criança, desejou-o. É tal desejo que retorna e busca satisfazer-se no sonho.

Muitos creem que o amor filial, como o amor materno e o paterno, provêm da própria natureza, e por isso parece aberrante, antinatural, imaginar uma criança a desejar a morte de um genitor que ela normalmente adora. Porém, é exatamente dessas certezas que Freud nos convida a desconfiar. Ao estudar os sonhos e expor pela primeira vez aquilo que, no futuro, chamará de "complexo de Édipo", ele mostra que o amor entre pais e filhos nem sempre é tão singelo quanto aparenta ser. Ainda que se costume pensar o contrário, os desejos sexuais da criança despertam muito cedo e se dirigem para os genitores. Segundo Freud, "apaixonar-se por um dos pais e odiar o outro", como um concorrente, é um movimento que figura no "acervo de impulsos psíquicos" que se formam em tenra idade. É experiência provavelmente universal; e por isso, em alusão à tragédia de Sófocles (c. 495-406 a.C.), intitulada *Édipo rei*, ele afirma que toda criança é um "pequeno Édipo".

No decorrer da obra freudiana, muitas serão as versões do complexo. Nenhuma, porém, renegará os elementos que, a partir dele, renovam a nossa compreensão do amor e do desejo: a sexualidade infantil, a centralidade dos desejos inconscientes, o problema da escolha do objeto e, especialmente, uma decisiva ampliação do campo do enlace amoroso. Em vez da tradicional relação a dois, ele envolve, desde o início, ao menos três pessoas: o amante, o amado e o concorrente. A pessoa amada por mim sempre será uma pessoa que é ou pode vir a ser amada por um terceiro, que, portanto, é meu concorrente. Não é espantoso, nessa medida, que o pequeno Édipo chegue a desejar a morte de um dos genitores.

A falta

Seja como for, não são nada comuns repetições da história do personagem de Sófocles. Apesar de seus desejos, em regra a criança acaba por renunciar a um objeto de amor que descobre proibido; descobre que no mundo há limites aos desejos; cede à concorrência de alguém que ela, ambiguamente, embora odeie e queira morto, também ama e quer vivo. É uma perda dolorosa, sem dúvida, mas inevitável e com a qual aprende a lidar. Nisso o complexo de Édipo revela todo o seu papel formador na existência humana: prepara-nos para a idade adulta, faz entender que às vezes temos de ceder, condiciona toda a nossa vida amorosa.

Curiosamente, a séculos de distância, Freud mostra-se herdeiro da tradição platônica do amor e desejo vinculados à experiência da perda e ao sentimento de falta. O amor edípico é condição do amor adulto "normal", por assim dizer, exatamente porque não deu certo. De nosso primeiro amor fracassado sempre restará uma marca indelével; mas, justamente por termos conseguido lidar com a perda, esse amor poderá ser revivido, e feliz, com outra pessoa ou outra coisa que não nos sejam interditadas. O nosso desejo é extremamente plástico, pode assumir formas e metas variadas, depositar suas energias em qualquer objeto. Sob uma condição apenas: que isso possibilite a evocação de uma satisfação anterior. Freud define o desejo precisamente como "moção psíquica" que busca restabelecer uma situação de satisfação original.

Isso não quer dizer que, porque amei minha mãe na infância, eu vá procurar uma esposa fisicamente parecida com ela. Os nexos de uma história de vida se dão não tanto no terreno das semelhanças físicas, mas no plano da realidade psíquica e suas representações. Por isso, mesmo uma coisa ou pessoa que não tenha nada que ver com uma situação passada pode evocar para alguém, por elos de memória dificilmente detectáveis e em geral inconscientes, aquela situação. Se foi uma situação prazerosa, melhor, e o desejo vai investir no objeto capaz de evocá-la.

Pela concepção freudiana de desejo, ele não só é inseparável da experiência da perda e da falta, como é essa experiência que o movimenta. Falta de quê? Em certa medida, pouco interessa. Importante é a presença, em nós, de um sentimento de ausência que, ao buscar preenchimento, nos move e faz viver. Não sendo perfeitos como os seres de que nos contava Aristófanes, a vida, e o desejo que está no centro dela, talvez não pudesse mesmo ser outra coisa.

Conclusão

Terminado nosso percurso, chega o momento de retornar às interrogações de que partimos. Poderão agora ser esclarecidas?

Convém ir devagar. Até certo ponto, nossas dúvidas e divergências iniciais não diferem muito das que descobrimos ao longo de um trajeto pontuado por Eros e ágape, amores altos e baixos, desejo de vida e de morte, proximidade e distância com relação à sexualidade. Então ficamos na mesma? Também não. Sem dúvida, ganhamos uma dimensão mais clara dos problemas; o que, em assunto tão espinhoso, não é nada desprezível, e nos permite ao menos arriscar algumas considerações.

Diferentes mas não opostos

Comecemos pela caracterização, feita ao início, do amor como algo mais espiritual e do desejo como algo mais carnal. Ela ainda se sustenta?

Em nosso caminho, um bom número de vezes constatamos a oposição entre uma inclinação mais repentina e outra mais refletida, o involuntário e o voluntário, a concupiscência e a benevolência, entre o Eros de Alcebíades, que se dirige vigorosamente ao amado, e o de Sócrates, que incita a filosofar. A concepção de que ora a carne ora o espírito predomina e comanda nossos sentimentos serviria, em última instância, para explicar essas ambiguidades.

Mas que tais diferenças internas a um mesmo campo existam e que a partir delas se busque distinguir amor e desejo pode até ser razoável. O problema é outro. É que nada nos obriga a reduzir as diferenças a uma oposição, muito menos à oposição entre corpo e espírito, entre uma natureza quase instintiva e uma espiritualidade livre de amarras carnais.

As complicações que vimos em Descartes são suficientes para nos recomendar cautela. Ele partia do pressuposto da distinção absoluta entre corpo e espírito, postulava modelos de amor (o divino) e de desejo (o sensível), mas era obrigado a retroceder e pensar antes em termos de composição, mescla, em vez de oposição. Um pouco como em Espinosa ou Freud nos é possível conceber o amor como modificação do desejo.

Isso não quer dizer, vale frisar, que não existam diferenças entre amor e desejo; somente que elas não precisam constituir uma oposição absoluta nem se explicar pela pretensa essência espiritual de um e carnal de outro. O nosso desafio é exatamente pensar essas diferenças noutros termos.

O enigma de nosso ser

Diz-se que gosto não se discute, e algo semelhante talvez se deva afirmar de nossos desejos e amores, ou ao menos do impulso inicial de cada um deles, que parece remeter sempre a um limite último em que os porquês se esgotam e não há mais como discutir.

Segundo Espinosa, não desejamos algo porque é útil; pelo contrário, é porque o desejamos que algo nos surge como útil. Mas por que primeiramente queremos a coisa que, num segundo momento, aparecerá como útil? Pensemos no ágape cristão: uma vez que todos somos criaturas do mesmo Deus e recebemos igualmente o amor divino, por que nem todos chegam a ser tocados por ele? Freud e Descartes, com o recurso ao passado, não conseguem fazer melhor. Porque amei uma menina vesga, tenho maior inclinação a amar pessoas que me recordem aquela menina; mas por que vim a amá-la da primeira vez?

Pode até ser que cada um desses impulsos tenha uma explicação; certo, porém, é que, em regra, a ignoramos. Ao querer, uma pessoa normalmente sabe que quer, e sabe o que quer, mas quase nunca sabe por que quer o que quer. Trata-se de uma ignorância que, em algum grau, acompanha todo querer e que se explica pelo enraizamento profundo desse querer no ser mais íntimo de cada um.

Uma pessoa desperta para o mundo. De repente, como se do nada, enigmaticamente. E qualquer coisa no mundo pode ser objeto desse despertar: uma ideia, outra pessoa, uma coisa. É esse movimento, que assume ares de início absoluto, que podemos identificar como elemento mínimo subjacente a todo querer, impulso, gosto, tendência, inclinação, aspiração. E a esse movimento podemos chamar desejo. Como dizia Hesíodo, falando sobre Eros, o desejo é "solta-membros": irrupção, emergência, às vezes mais tímida, outras, mais impetuosa, de uma pessoa para o mundo. E nisso todo o enigma da singularidade de cada um vai expressando-se como inexplicável, mas integralmente, de corpo e alma, em seus desejos.

Duas direções de um só movimento

Se o desejo pode ser reconhecido nesse movimento, a questão agora é tentar entender o que, nessas condições, pode ser o amor. Para tal, vale a pena retomar aquela distinção comum, mencionada de início, entre "sexo com amor" e "sexo sem amor". A partir de nossa compreensão da diferença entre as duas situações, talvez se revele algo de particular do amor. Qual é a diferença?

Nos dois casos, o ato pode ser idêntico e podem estar igualmente presentes prazer, sentimento, afeição, desejo. Há algo, porém, que está necessariamente envolvido no primeiro e não no segundo: uma história. E isso faz toda a diferença.

Uma pessoa deseja, isto é, seu ser emerge para o mundo. Por vezes, ele se satisfaz, retrai-se e pronto. Algumas vezes, porém, o mesmo movimento desejante persiste; e no decurso temporal dessa persistência é como se esse movimento aos poucos assumisse outro rumo: por assim dizer, da direção vertical da emergência para o mundo à direção horizontal da seleção de certos objetos desse mundo. Trata-se do agrado que começa a me dar a presença de uma pessoa, a vontade de retornar a um restaurante e comer de novo certo prato, a decisão de pendurar na sala uma gravura para sempre tê-la à vista. Em suma, a passagem da vivência a um início de convivência (real ou almejada), o que termina por constituir a história de nosso desejo.

Podemos nomear amor essa nova direção assumida pelo mesmo movimento do desejo, quando ele, por sua persistência, vai produzindo uma história de convivências, elos, hábitos; um novo universo, constituído pelos objetos de nosso amor e no qual o desejo pode demonstrar toda a sua plasticidade, satisfazendo-se até nos pormenores desse mundo que é o seu. Daí talvez a sensação ímpar de plenitude associada ao amor e que pode se revelar até no café que preparo para a pessoa amada.

Desejo e amor são diferentes, mas não essencialmente diversos. São como direções possíveis de uma mesma coisa que se põe em movimento: nosso ser, ou emergindo para o mundo ou constituindo para si um mundo.

OUVINDO OS TEXTOS

Texto 1. Platão (428-348 a.C.), *Diálogo entre Diotima e Sócrates sobre o Amor (Eros)*

– [O Amor é] um grande gênio, ó Sócrates; e, com efeito, tudo o que é gênio está entre um deus e um mortal.
– E com que poder? [...]
– O de interpretar e transmitir aos deuses o que vem dos homens, e aos homens o que vem dos deuses [...]; e como está no meio de ambos ele os completa, de modo que o todo fica ligado todo ele a si mesmo. [...] Um deus com um homem não se mistura, mas é através desse ser que se faz todo o convívio e diálogo dos deuses com os homens. [...]
– E quem é seu pai [...] e sua mãe?
– [...] Por ser filho o Amor de Recurso e de Pobreza foi esta a condição em que ele ficou. Primeiramente ele é sempre pobre, e longe está de ser delicado e belo, como

a maioria imagina, mas é duro, seco, descalço e sem lar […]. Segundo o pai, porém, ele é insidioso com o que é belo e bom, e corajoso, decidido e enérgico, caçador terrível, sempre a tecer maquinações, ávido de sabedoria e cheio de recursos, a filosofar por toda a vida.

> PLATÃO. *O banquete*, 202e-203d. Trad. José Cavalcante de Souza. São Paulo: Nova Cultural, 1987 (Coleção Os Pensadores).

Texto 2. São Paulo (*c.* 10-67), *Hino ao Amor (ágape, caritas)*

Ainda que eu falasse línguas, as dos homens e as dos anjos, se eu não tivesse o amor, seria como um bronze que soa ou como um címbalo que tine. Ainda que eu tivesse o dom da profecia, o conhecimento de todos os mistérios e de toda a ciência, ainda que tivesse toda a fé, a ponto de transportar montanhas, se não tivesse o amor, eu nada seria. Ainda que eu distribuísse todos os meus bens aos famintos, ainda que entregasse o meu corpo às chamas, se não tivesse o amor, isso nada me adiantaria. O amor é paciente, o amor é prestativo, não é invejoso, não se ostenta, não se incha de orgulho. Nada faz de inconveniente, não procura o seu próprio interesse, não se irrita, não guarda rancor. Não se alegra com a injustiça, mas se regozija com a verdade. Tudo desculpa, tudo crê, tudo espera, tudo suporta. O amor jamais passará. Quanto às profecias, desaparecerão. Quanto às línguas, cessarão. Quanto à ciência, também desaparecerá. Pois o nosso conhecimento é limitado, e limitada é a nossa profecia. Mas, quando vier a perfeição, o que é limitado desaparecerá. Quando eu era criança, falava como criança, pensava como criança, raciocinava como criança. Depois que me tornei homem, fiz desaparecer o que era próprio da criança. Agora vemos em espelho e de maneira confusa, mas, depois, veremos face a face. Agora o meu conhecimento é limitado, mas, depois, conhecerei como sou conhecido. Agora, portanto, permanecem fé, esperança, amor, estas três coisas. A maior delas, porém, é o amor.

SÃO PAULO. *Primeira epístola aos coríntios*, capítulo 13, versículos 1-13. Trad. Estêvão Bettencourt. In: *Bíblia de Jerusalém*. São Paulo: Paulinas, 1993. Trecho adaptado por Homero Santiago.

Texto 3. Descartes (1596-1650), *Definições de amor e de desejo*

O amor é uma emoção da alma, causada pelo movimento dos espíritos [animais], que a incita a unir-se voluntariamente aos objetos que lhe parecem ser convenientes. [...] Com o termo vontade, não pretendo falar aqui do desejo, que é uma paixão à parte e se refere ao futuro, mas do consentimento pelo qual nos consideramos desde já como unidos com o que amamos; de forma que imaginamos um todo de que pensamos ser somente uma parte, e de que a coisa amada é outra. [...] A paixão do desejo é uma agitação da alma, causada pelos espíritos [animais], que a dispõe a querer para o futuro as coisas que ela se representa como convenientes. Assim, não desejamos apenas a presença do bem ausente, mas também a conservação do bem presente; e ainda a ausência do mal, tanto do que já temos como do que acreditamos que poderemos sofrer no tempo por vir.

DESCARTES, R. *As paixões da alma*. Trechos dos artigos 79, 80, 86. Trad. Rosemary Costhek Abílio. São Paulo: Martins Fontes, 1998.

Texto 4. Espinosa (1632-1677), *Definições de amor e de desejo*

Cada coisa esforça-se, tanto quanto está em si, por perseverar em seu ser. [...] [No caso do homem] esse esforço, à medida que está referido apenas à mente, chama-se vontade; mas à medida que está referido simultaneamente à mente e ao corpo chama-se apetite, o qual, portanto, nada mais é do que a própria essência do homem [...]. Entre apetite e desejo não há nenhuma diferença, excetuando-se que, comumente, refere-se o desejo aos homens, à medida que estão conscientes de seu apetite. Pode-se fornecer, assim, a seguinte definição: o desejo é o apetite juntamente com a consciência que dele se tem. Torna-se, assim, evidente [...] que não é por julgarmos uma coisa boa que nos esforçamos por ela, que a queremos, que a apetecemos, que a desejamos, mas, ao contrário, é por nos esforçarmos por ela, por querê-la, por apetecê-la, por desejá-la, que a julgamos boa. [...] O amor nada mais é do que a alegria, acompanhada da ideia de uma causa exterior.

ESPINOSA, B. *Ética*. Parte III, trechos das proposições 6, 9 e 13. Trad. Tomaz Tadeu. Belo Horizonte: Autêntica, 2007.

Texto 5. Freud (1856-1939), *Desejos infantis e amor edípico*

Os sonhos com a morte de pais se aplicam com frequência preponderante ao genitor do mesmo sexo do sonhador, isto é, os homens sonham predominantemente com a morte do pai, e as mulheres, com a morte da mãe. [...] Aprendemos que os desejos sexuais de uma criança [...] despertam muito cedo, e que o primeiro amor da menina é por seu pai, enquanto os primeiros desejos infantis do menino são pela mãe. Por conseguinte, um pai se transforma num rival perturbador para o menino, e a mãe, para a menina [...]. Seu destino [o de Édipo] comove-nos apenas porque poderia ter sido o nosso [...]. É destino de todos nós, talvez, dirigir nosso primeiro impulso sexual para nossa mãe, e nosso primeiro ódio e primeiro desejo assassino, para nosso pai. Nossos sonhos nos convencem de que é isso o que acontece. O Rei Édipo, que assassinou Laio, seu pai, e se casou com Jocasta, sua mãe, simplesmente nos mostra a realização de nossos próprios desejos infantis. [...] Ali está alguém em quem esses desejos primevos de nossa infância foram realizados, e dele recuamos com toda a força do recalque pelo qual esses desejos, desde aquela época, foram contidos dentro de nós. Enquanto traz à luz, à medida que desvenda o passado, a culpa de Édipo, o poeta nos compele a reconhecer nossa própria alma secreta, onde esses mesmos impulsos, embora oprimidos, ainda podem ser encontrados.

FREUD, S. *A interpretação dos sonhos*. Trad. Walderedo Ismael de Oliveira. Rio de Janeiro: Imago, 2001, pp. 256, 258 e 263.

DICAS DE VIAGEM

Amor e desejo são temas que sempre inspiraram e continuam inspirando uma infinidade de obras de arte. Algumas sugestões para que você continue a viajar por esses temas:

1. Filmes:
- **1.1.** *A lei do desejo* (*La ley del deseo*), direção de Pedro Almodóvar, Espanha, 1987.
- **1.2.** *Amarelo manga*, direção de Cláudio Assis, Brasil, 2003.
- **1.3.** *A fronteira da alvorada* (*La frontière de l'aube*), direção de Philippe Garrel, França, 2008.
- **1.4.** *Amor à flor da pele* (*In the Mood for Love*), direção de Wong Kar-Wai, China, 2000.
- **1.5.** *A religiosa portuguesa*, direção de Eugène Grimm, Portugal, 2009.

1.6. *Asas do desejo* (*Der Himmel über Berlin*), direção de Wim Wenders, Alemanha, 1987.

1.7. *Cidade baixa*, direção de Sérgio Machado, Brasil, 2005.

1.8. *Desejo e reparação* (*Atonement*), direção de Joe Wright, Inglaterra, 2007.

1.9. *Elsa & Fred, um amor de paixão* (*Elsa y Fred*), direção de Marcos Carnevale, Argentina/Espanha, 2005.

1.10. *Império dos sentidos* (*Ai no corida*), direção de Nagisa Oshima, França/Japão, 1976.

1.11. *Ligadas pelo desejo* (*Bound*), direção de Andy e Larry Wachowski, EUA, 1996.

1.12. *Monster – desejo assassino* (*Monster*), direção de Patty Jenkins, EUA, 2003.

1.13. *Morte em Veneza* (*Morte a Venezia*), direção de Luchino Visconti, Itália/França, 1971.

1.14. *O amor* (*L'amore*), direção de Roberto Rossellini, Itália, 1947.

1.15. *O desprezo* (*Le mépris*), direção de Jean-Luc Godard, França/Itália, 1963.

2. Em compositores brasileiros como Cartola, Paulo Vanzolini, Chico Buarque, entre outros, a reflexão sobre o amor e o desejo atinge grande profundidade. Vale a pena ouvi-los pensando em nossos temas. O grupo Legião Urbana, em particular, fez uma bela versão musicada dos textos de São Paulo e de Camões em *Monte Castelo* (você pode encontrá-la em http://www.youtube.com/watch?v=AKqLU7aMU7M).

3. Um passeio pelas pinturas e esculturas inspiradas pelos temas do amor e do desejo dá um bom panorama das maneiras de encarar esses sentimentos ao longo das épocas. Algo muito interessante, pois um corpo amoroso não se manifesta da mesma forma, por exemplo, no século II e no século XX. Basta combinar num buscador da internet as palavras pintura ou escultura com amor, desejo, Cupido, Eros etc.

4. Na literatura, entre as muitas opções, é interessante ler as narrativas de grandes casos de amor. Eis algumas clássicas:
    4.1. *Abelardo e Heloísa* – uma forma de conhecer a relação amorosa entre Abelardo e Heloísa é ler

a intensa correspondência mantida entre eles (há uma tradução brasileira: *Correspondência de Abelardo e Heloísa*, org. Paul Zumthor, trad. Lúcia Santana. São Paulo: Martins Fontes, 2002). Há também um filme que narra a história de ambos: *Em nome de Deus* (*Stealing Heaven*), direção de Clive Donner, EUA, 1988.

4.2. *Tristão e Isolda* – uma das melhores edições em língua portuguesa é aquela traduzida por Maria do Anjo Braacamp Figueiredo (Lisboa: Europa-América, 2006). Há também um filme que narra a história de ambos: *Tristão & Isolda* (*Tristan & Isolde*), direção de Kevin Reynolds, Reino Unido/EUA, 2006.

4.3. *Vida nova* – mescla de poesia e prosa dedicadas por Dante Alighieri a Beatriz; a tradução brasileira mais confiável é aquela que consta do volume *Santo Tomás & Dante* das antigas edições da coleção Os Pensadores (Abril ou Nova Cultural).

4.4. *Romeu e Julieta* – há várias edições em português dessa obra de William Shakespeare. Uma delas, bastante acessível, é a tradução de Beatriz Viegas Faria (Porto Alegre: L&PM, 1998). Há a adaptação cinematográfica clássica da história de Romeu e Julieta, feita por Franco Zefirelli, em 1968 (*Romeo and Juliet*, Reino Unido/Itália).

4.5. *Os sofrimentos do jovem Werther* – há várias edições em português dessa obra de Wolfgang Goethe. Uma delas, bastante acessível, é a tradução de Leonardo César Lack (São Paulo: Martins, 2007). Uma adaptação cinematográfica também foi feita de *Os sofrimentos do jovem Werther* (*Die Leiden des jungen Werthers*), direção de Egon Gunther, Alemanha, 1976.

4.6. Outro aspecto do amor e do desejo, culturalmente importante para a história do Ocidente, é a chamada experiência mística. Os exemplos clássicos são Teresa de Ávila e João da Cruz. Da primeira, indicaríamos "O castelo interior", "Conceitos do amor" e "Exclamações" (in: *Escritos de Teresa de Ávila*. São Paulo: Loyola, 2002); do segundo, "Cântico espiritual" e "Chama viva de amor" (in: *Obras completas de São João da Cruz*. Petrópolis: Vozes, 2002).

4.7. Igualmente, cabe não desprezar a tradição da literatura erótica, que em especial põe o problema de saber o que é o amor normal e o patológico, se podemos assim dizer. Todas as obras de Sade, Masoch, Restif de la Bretonne e outros levantam essa questão. Em português, temos o caso brilhante das obras de Hilda Hilst (por exemplo, *Cascos & Carícias & Outras crônicas.* São Paulo: Globo, 2007; *Do desejo.* São Paulo: Globo, 2004; *Do amor.* São Paulo: Massao Ohno, 1999; *Cartas de um sedutor.* São Paulo: Globo, 2002; *Cantares.* São Paulo: Massao Ohno, 1995 etc.). Merece destaque o livro de Pauline Réage, *História de O* (São Paulo: Brasiliense, 1985): texto impactante, de beleza singular, e que traz à tona o amor e o desejo como elementos de um jogo de poder conduzido ao limite. Eis um trecho que dá toda essa dimensão:

Mas seu amor por René e o amor de René por ela tinham-lhe tirado todas as suas armas; em vez de trazer-lhe novas provas de seu poder, havia-lhe tirado as que possuíra até então. Antigamente tinha sido indiferente e volúvel, divertindo-se em seduzir com uma palavra ou com um gesto os rapazes que se apaixonavam por ela, mas sem dar-lhes nada, entregando-se depois por capricho, uma vez, uma só, para recompensar, mas também para inflamar ainda mais e tornar ainda mais cruel uma paixão que não compartilhava. Estava segura de que a amavam. Um deles tinha tentado se matar. Ao voltar curado da clínica para onde tinha sido levado, ela fora à sua casa onde ficara nua e, deitada no seu divã, proibira-lhe tocá-la. Pálido de desejo e de dor, ele a tinha contemplado em silêncio durante duas horas, petrificado por sua palavra dada. Nunca mais quis vê-lo. Não que desconsiderasse o desejo que inspirava; compreendia-o ou pensava compreendê-lo, tanto mais que experimentava um desejo análogo (pensava) por suas amigas ou por jovens mulheres desconhecidas. Algumas cediam, e levava-as então a hotéis excessivamente discretos, de corredores estreitos e divisórias transparentes a todos os barulhos; outras repeliam-na com horror. Mas o que imaginava ser desejo não era mais do que gosto pela conquista, nem seus modos de rapaz, nem o fato de que tinha alguns amantes – se podia chamá-los amantes –, nem sua dureza, nem mesmo sua coragem serviram para alguma coisa quando encontrou René. Em oito dias conheceu o medo, mas também a certeza; a angústia, mas também a felicidade. René atirou-se sobre ela como um pirata sobre uma presa e tornou-se cativa nas delícias, sentindo nos pulsos e nos tornozelos, em todos os membros e no mais secreto do seu corpo e do seu coração, laços mais invisíveis do que os mais finos cabelos, mais poderosos do que os cabos com que os liliputianos tinham amarrado Gulliver, laços que seu amante apertava ou afrouxava com um olhar. Não mais era livre? Ah! graças a Deus, não era mais livre. Mas sentia-se leve como uma deusa sobre as nuvens, como um peixe na água, perdida de felicidade.

RÉAGE, P. *História de O.* Trad. Maria de Lourdes Nogueira Porto. São Paulo: Brasiliense, 1985.

4.8. Ainda, alguns poemas com que nosso texto dialoga:

POEMA N°. 5

Vamos viver, minha Lésbia, e amar,
e aos rumores dos velhos mais severos,

a todos, voz nem vez vamos dar. Sóis
podem morrer ou renascer, mas nós
quando breve morrer a nossa luz,
perpétua noite dormiremos, só.
Dá mil beijos, depois outros cem, dá
muitos mil, depois outros sem fim, dá
mais mil ainda e enfim mais cem – então
quando beijos beijarmos (aos milhares!)
vamos perder a conta, confundir,
p'ra que infeliz nenhum possa invejar,
se de tantos souber, tão longos beijos.

>   CATULO, "Poema n° 5". In: *O livro de Catulo*. Trad. João
>   Angelo Oliva Neto. São Paulo: Edusp, 1996.

SONETO N° 4

Amor é um fogo que arde sem se ver;
É ferida que dói e não se sente;
É um contentamento descontente;
É dor que desatina sem doer;
É um não querer mais que bem querer;
É um andar solitário por entre a gente;

É nunca contentar-se de contente;
É um cuidar que ganha em se perder;
É querer estar preso por vontade;
É servir a quem vence, o vencedor;
É ter com quem nos mata lealdade.
Mas como causar pode seu favor
Nos corações humanos amizade,
Se tão contrário a si é o mesmo Amor?

LUÍS DE CAMÕES, "Soneto nº 4". In: *Obra completa*.
Rio de Janeiro: Aguilar, 1963.

ENSINAMENTO

Minha mãe achava estudo
a coisa mais fina do mundo.
Não é.
A coisa mais fina do mundo é o sentimento.
Aquele dia de noite, o pai fazendo serão,
ela falou comigo:
"Coitado, até essa hora no serviço pesado".
Arrumou pão e café, deixou tacho no fogo
                     [com água quente.

Não me falou em amor.
Essa palavra de luxo.

> ADÉLIA PRADO, "Ensinamento". In: *Bagagem*.
> Rio de Janeiro: Record. © by Adélia Prado.

LEITURAS RECOMENDADAS

As obras que tomamos como guias de nosso percurso estão indicadas nas seções "Ouvindo os textos" e "Dicas de viagem". Aqui, sugerimos outros títulos que servem para aprofundar o estudo dos temas tratados ou oferecem novas perspectivas:

ALVES BORGES, M. L. *Amor.* Rio de Janeiro: Zahar, 2004 (Coleção Passo a Passo).
Breve apresentação de posições filosóficas a respeito do amor, abordando, por exemplo, os mitos platônicos, os exercícios estoicos, as paixões de Descartes e as advertências de Kant.

BADINTER, E. *Um amor conquistado: o mito do amor materno.* Trad. Waltensir Dutra. Rio de Janeiro: Nova Fronteira, 1998.
Amor materno é natural ou cultural? A resposta não é simples e põe uma série de questões importantes para a

compreensão do amor. É interessante descobrir que mesmo um amor para nós tão natural tem uma história.

BARTHES, R. *Fragmentos de um discurso amoroso.* Trad. Márcia Valéria Martinez de Aguiar. São Paulo: Martins Fontes, 2003.

Genial coleção de recortes que tentam dar conta desse objeto absolutamente multiforme que é o amor.

DEL PRIORE, M. *História do amor no Brasil.* São Paulo: Contexto, 2005.

A autora estuda os modos de viver o amor no Brasil desde a Colônia, com seus casamentos acertados, até os dias atuais, com sua pretensa liberdade sexual. Uma reflexão conclui o livro: desejamos realmente liberdade na vida amorosa?

DUMOULIE, C. *O desejo.* Trad. Ephraim Ferreira Alves. Petrópolis: Vozes, 2005.

A obra traça um panorama da reflexão ocidental sobre o desejo, abordando autores como Platão, Agostinho de Hipona, Tomás de Aquino, Nietzsche, Freud, Lacan, entre outros.

FURTADO, J. L. *Amor.* São Paulo: Globo, 2008 (Coleção Frente e Verso).

Reflexão filosófica sobre o amor, centrada principalmente no pensamento de Jean-Paul Sartre.

PHILIPPE, M.-D. *O amor na visão filosófica, teológica e mística*. Trad. Celeste Magalhães Souza. Petrópolis: Vozes, 1999.

Como indica o título, o autor aborda o tema do amor com base em elementos filosóficos, teológicos e místicos. Destaca Platão, Tomás de Aquino e João da Cruz, e investiga a relação entre amor, inteligência, liberdade e realização pessoal.

NOVAES, A. (org.). *O desejo*. São Paulo/Rio de Janeiro: Companhia das Letras/Funarte, 1990.

Reunião de ensaios, de diversos autores, dedicados ao desejo. As perspectivas e as abordagens são bastante diversas e contribuem para um panorama amplo do tema visado.

SCHOEPFLIN, M. (org.). *O amor segundo os filósofos*. Trad. Antonio Angonese. Bauru: Edusc, 2004.

Coletânea que traz, comentados, textos sobre o amor de vários filósofos, da Antiguidade ao século XX. Fornece um bom panorama do assunto na história da Filosofia.

STEARNS, P. N. *História da sexualidade*. Trad. Renato Marques. São Paulo: Contexto, 2010.

Vale a pena conhecer um pouco da história da sexualidade, para a qual convergem muitas das questões que giram em torno do amor e do desejo. Um interesse par-

ticular do livro recai sobre o destaque para a dependência entre vida sexual e vida material; assim, por exemplo, descobre-se que um dos fatos mais importantes para a sexualidade humana foi o advento da agricultura.

STENDHAL. *Do amor*. Trad. Herculano Villas-Boas. Porto Alegre: L&PM, 2007.

Belo estudo sobre o amor, construído sobretudo a partir da ideia de cristalização: a construção da imagem do objeto amado como dotado de todas as perfeições; o que faz do amor um sentimento invariavelmente atravessado pela ilusão.

VATSYAYANA. *Kama Sutra*. Trad. Luciane Aquino. Port Alegre: L&PM, 2010.

Um clássico de que muito se fala mas que pouco se lê. Proporciona um contato importante com outra tradição que a ocidental; além de mostrar quanto amor e desejo podem exigir aprendizado, técnica, mais que espontaneidade e arrebatamento.

WINNICOTT, D. W. *Natureza humana*. Trad. Davi Litman Bogomoletz. Rio de Janeiro: Imago, 1990.

Abordagem psicanalítica do desenvolvimento emocional do ser humano, mantendo-se em continuidade com Freud e, ao mesmo tempo, indo além dele.